AF391324

GALERIE DU SPORTING FRANÇAIS

53, Boulevard Victor-Hugo et Rue Chauveau, 34

à **NEUILLY** (Seine)

Les Samedi 18 et Dimanche 19 Mars 1905

A DEUX HEURES

VENTE APRÈS DÉCÈS

DES

Objets d'Art & du Mobilier

de M. E. de LA CHARME

COLLECTIONS PARTICULIÈRES

Gravures de Sport

MOBILIER ANCIEN & MODERNE

Tableaux de Chasse

Par le Ministère de M° MARAIS, Huissier à Neuilly

ASSISTÉ DE :

POUR LES TABLEAUX	POUR LES MEUBLES & OBJETS D'ART
M. Georges SORTAIS,	**M. A. GUÉRINEAU,**
Expert près le Tribunal Civil de la Seine.	*Expert.*
4, Rue de Mogador, Paris.	11, Rue de Chartres, Neuilly - sur - Seine

EXPOSITION PUBLIQUE

Le Dimanche 12 Mars et jours suivants

DE 9 HEURES A 5 HEURES

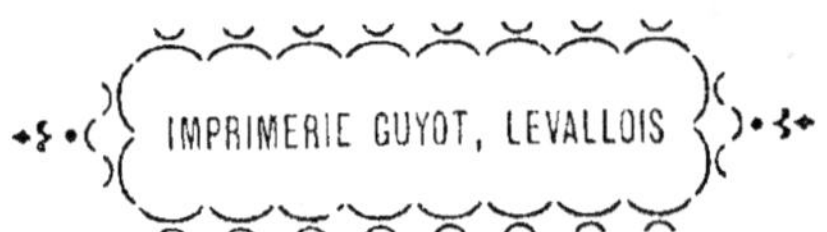

IMPRIMERIE GUYOT, LEVALLOIS

Bronzes et Objets d'art

1 — Groupe en bronze « Chevaux en liberté » sur socle bois, signé P.-J. Mêne.

2 — Statuette bronze argenté « Amour blessé », monté sur socle marbre vert signé A. Mercié, édition Siot-Decauville.

3 — Bronze « Cheval sellé », monté sur socle marbre jaune.

4 — Bronze « Statuette équestre », signé E. Frémiet.

5 — Bronze équestre « Jockey vainqueur du Derby », sur socle peluche, signé P.-J. Mêne 1863.

6 — Bronze « Cheval », patine brune, signé E. Frémiet.

7 — Statuette équestre en argent, montée sur socle.

8 — Groupe allégorique en argent monté sur socle en bois, orné de bronze, signé Salmson, édition Jarry.

9 — Petit bronze « Cheval », édition de Braux.

10 — Petit bronze « Cheval », édition de Braux.

11 — Groupe « Levrettes », signé P.-J. Mêne.

12 — Bronze « Cerf au repos », signé Fratin, édition de Braux.

13 — Sujet métal « Lièvre », d'après P.-J. Mêne.

14 — Sujet bronze « Oiseau ».

15 — Sujet bronze « Oiseau ».

16 — Petit bronze « Renard », signé P.-J. Mêne.

17 — Petit bronze « Cerf ».

18 — Deux bronzes japonais « Paire d'écrevisses ».

19 — Petit bronze « Oiseau ».

20 — Paire petits Chandeliers argent style Louis XIV.

21 — Petit vase métal argenté.

22 — Statuette métal de Van der Stratten.

23 — Paire Chandeliers style Louis XIV, en argent.

24 — Paire Candélabres style Louis XV, en argent.

25 — Bougeoir en argent style Louis XIV.

26 — Pendule de l'époque Louis XVI, à colonnettes marbre blanc, ornée de bronze.

27 — Statuette en porcelaine de Saxe.

28 — Étain artistique, signé Auguste Moreau.

29 — Paire de cigognes en grès vernissé.

30 — Bronze « Chien d'arrêt », par P.-J. Mène.

31 — Paire porte bouquet, sujet «Crabe», en grès vernissé.

32 — Terre cuite « Sanglier terrassant un chien ».

33 — Médaillon-portrait «Catherine Clive» en argent repoussé.

34 — Médaillon en bronze « Voltaire ».

35 — 1 lot Médailles bronze.

36 — 1 petit lot Cadres et Peintures.

36 bis Étude chasse.

37 — Porte bouquet en cristal décoré.

38 — Pendule en marbre noir, surmontée d'un bronze «Chiens aux aguets», signé P.-J. Mène.

39 — Paire de candélabres bronze « Enfant », d'après Clodion.

40 — Potiche en faïence du Japon, décors bleus.

41 — Potiche en faïence du Japon, décors bleus.

42 — Vase en faïence de Delphes, décors bleus.

43 — Carafe à champagne cristal, monture argent, de Paul Taburet.

Meubles

44 — Commode ancienne Louis XV, en marqueterie bois de rose, garnie de bronze, dessus marbre rosé.

45 — Bureau ancien, dos d'âne, en marqueterie bois de violette, orné de bronze.

46 — Chiffonnier-secrétaire, en bois noir, incrustation de cuivre et nacre, dessus marbre.

47 — Vitrine en bois noir ciré, intérieur glace.

48 — Petite table à volets en marqueterie bois de rose et palissandre.

49 — Table-bureau en palissandre, dessus drap rouge.

50 — Ameublement de salle à manger en bois de rose et palissandre, composé de :
1 buffet dressoir,
1 table carrée à rallonges,
6 chaises à sièges garnis, recouverts velours vert.

51 — Table à jeu Louis XV en palissandre verni.

52 — Table à jeu Louis XV en palissandre verni.

53 — Table de milieu en bois noir, filets cuivre.

54 — Table à 4 volets, bois de rose et palissandre.

61 — Deux fauteuils confortables, recouverts étoffe genre tapisserie.

62 — Mortier en bronze.

63 — Un fauteuil confortable, recouvert étoffe.

64 — Un fauteuil bois apparent, recouvert velours.

65 — Deux chaises style Louis XIII, en bois noir, recouvertes panne rouge.

70 — Buffet à deux corps, en chêne sculpté, portes vitrées.

71 — Armoire en bois noir ciré, à trois portes, dont une à glace biseautée.

72 — Table étagère en noyer ciré.

74 — Grande toilette marbre blanc.

75 — Glace cadre étoffe.

76 — Coffre-fort.

77 — Deux lampes porcelaine, pied bronze.

78 — Banquette chêne anti-chambre, coffre bois.

79 — Deux portes-bouquet.

80 — 2 Poissons grès vernissé.

81 — Lot livres.

Tableaux et Gravures

82 — Arrivée du Prix de Fontainebleau, par Coetlison.

83 — Cheval « Arrière-Garde », par Litfas.

84 — Cheval « Orphan Girl », par Litfas.

85 — Cavalier à cheval attribué à de Dreux.

86 — Quaker, aquarelle, par Bombled.

87 — Portrait cheval, par Bombled.

88 — Course à Longchamps, par Bombled.

89 — Chasse au renard.

90 — Cavalier, par Benassit.

91 — « Retour de chasse », d'après de Dreux.

92 — Tête de femme, par Tyfonakaff.

93 — Femme, par Garrido.

94 — Une Amazone, par Louis Heyrauld.

95 — Palefrenier à cheval, d'après de Dreux.

96 — Navarin, par Coellison.

97 — « Jonville », par Coellison.

98 — « Le Petit Caporal », par Coellison.

99 — Photographie de Salvator, avec dédicace de M. Lupin.

100 — Gravure, d'après Alfred de Dreux.

101 — Pastel, femme

102 — « Jupiter et Calisto », École de Boucher.

103 — Tableau de Benassit.

104 — « La Danaé », attribuée à Fragonnard.

105 — « Au Printemps », aquarelle de Beyle.

106 — « Coursing », gravure ancienne anglaise.

107 — « Coursing », gravure ancienne anglaise.

108 — Arrivée du Grand Prix de la Ville de Nantes, par Coellison.

109 - 110 — Deux Gravures anglaises peintes.

111 — « Quaker », aquarelle par Audy.

112 — « Gladiateur », gravé par Harris.

113 — « Fleur de Lys », gravure de Thomas Lupton.

114 — « Salmigondis » par Coellison.

115-116 — Marché aux Chevaux.

117 — Gravure anglaise « Marchand de chevaux ».

118 — Trois petites gravures par Webb.

119 — Gravure.

120 — « Canard Sauvage » en faïence.

121-122 — Gravure anglaise « Fores's stable Scènes »

159 — Fores's National Sports, Gravure de Course.

160 — Terre Neuve, « Inondation ».

161 — Gravure anglaise, Cheval de Course

162
163
164
165
166 } Fores's Hunting, Gravures anglaises
167
169
168
170

171 — Gravure, Cheval de Course.

172 — Gravure anglaise.

173
174 } Fores's Hunting.

175
176 } Gravure anglaise.

177 — Caricature anglaise.

178-179 — Caricature, de M. Bizetsky.

180 — Gravure de Vernet.

181 — Tableau Russe.

182 — Tableau Russe.

183 — Intérieur d'écurie, peinture anglaise

184 — « Chevaux », peinture anglaise.

185 — Sujet de course.

186 — Touchstone.

187 — Gravure anglaise de chasse Coaching.

188 — Gravure, de Vernet.

189 — Aquarelle anglaise.

190 — Stockwell.

191 — Pyrrhus The First.

192 — The Flying Dutchmann.

193
194 } La course du Derby « Victoire de Gladiateur »

195
196 } Gravure anglaise de Steeple-Chase, par Hester.

197 — « Milton », vieille gravure de Vernet

198 — Une vente de chevaux à Londres.

199 — Le Derby d'Epsom.

200 — Forum, vieille gravure.

201 — Fédération, vieille gravure.

202 — Gravure, de Vernet.

203 — Scène équestre par Mlle Loisset, gravée par Dimier, artiste du cirque, 1833.

204 — Gravure, de Vernet.

205 — Gravure ville d'Avignon, par J. Vernet.

206 — Gravure anglaise.

207 — « Eclipse », cheval de course.

208 — « Faugh a Ballagh », cheval de course.

209 — Le départ du Derby.

210 — L'arrivée du Derby.

213 — « Coucher du soleil », peinture sur bois.

214
215 } Gravure.

216 — Pastel, par Faustin Besson.

217 — Rendez-vous de chasse, par Ansdell.

218 — « Dessous de bois, arbres en fleurs », de Delpy.

219 — Vénus, coucher de soleil, par Schulze.

220 — Gravure anglaise.

221 — Étude, par Heyrauld.

222 — « Napoléon Ier, enfant », peinture sur bois.

223 — Marine.

224 — Étude chien, par Heyrauld.

225 — Étude chien, par Heyrauld.

226 — Peinture sur bois « École Fla-
mande ».

227 — Mameluke, gravure anglaise.

228 — Memnon, gravure anglaise.

229 — Napolitaine, par Merman (prove-
venant de la collection de M. An-
tonin Proust.

230 — Misère.

231 — Peinture italienne.

232 — Aquarelle « Vue de Trouville ».

233 — Highgate Road.

234 — Cheval à l'écurie.

235 — Étude de chien, par Heyrauld.

236 — Étude par Thomas Barbarin.

237 — Eau forte.

238 — Peinture.

239 — Étude par Heyrauld.

240 — Gravure anglaise.

241 — Gravure anglaise de course.

242 — Gravure anglaise de chasse.

243 — Chevaux à l'abreuvoir.

244 — Aquarelle par Condamy.

245 — « Brown Dayrell », par Audy.

246 — Aquarelle « Lanciers » par Fort.

247 — Clotaire.

248 — Comus.

249 — Fort à bras.

250 — Saint-Albans.

251 — Orlando.

252 — Gravure anglaise.

253 — Aquarelle « Dragon », par Robert
Lamy.

254 — Victoire de Busy Body, vainqueur
des Oaks, par Hyto.

255 — Peinture attribuée à M. de Dreux.

256 — Pesage des courses d'Auteuil, par Crafty.

257 — Caricature anglaise.

258 — Gravure « Scène russe 1813 ».

259 — Caricature anglaise.

260 — Caricature anglaise.

261 — Caricature d'Archer.

262 — Tableau anglais «Chasse à courre».

263 — Portrait femme, École Italienne.

264 — Étude d'après Rembrandt.

265 — Bacchante, par Lemoine.

266 — Le Simoun, par Berchère.

Ce tableau a figuré au Salon de 1859 et a fait obtenir une médaille de première classe à l'artiste. Largeur 1 m. 48, haut. 99.

267 — Chien attribué à Olivier de Penne, 90×59.

268 — Dessus de porte « École de Fontainebleau, 141×71.

269 — Mademoiselle de Saint-Aubin, de l'Opéra-Comique, attribué au baron Gérard, 80×100.

270 — Van Kessel, peinture sur cuivre «Orphée charmant les animaux».

271 — Piqueur à cheval, aquarelle par le comte de Ruillé, 46×36.

272 — La Croix-de-Berny, 87×51.

273 — Rendez-vous de chasse, par Albert de Gesmes, 64×48.

274 — Cheval et chien, attribué à de Dreux, 173×59.

275 — Combat de chiens et de rats, par Heyrauld (1853), 91×73.

276 — Paysage hollandais, par Wynantz.

277 — Paysage hollandais, par J.-N. Van Goyen.

278 — Gravure peinte par Vernet «Fin de course ».

279 — Gravure peinte par Vernet « La Course ».

280 — Vue d'Epsom, gravure anglaise.

281 — Gravure anglaise « Chasse à courre ».

282 — Cheval de course « Mundic ».

283 — Ascot.

284 — Gravure anglaise « Le Départ ».

285 — Goodwood.

285 bis Doncaster, gravure anglaise ancienne.

286 — Gravure anglaise, par Hunt.

287 — Caricature Jockey.

288 — Lord Lyon.

289 — Peinture russe.

290 — Pastel.

291 — Caricature anglaise.

292 — Sultan, gravure anglaise.

293 — Cheval russe.

294 — Etude de cheval.

295 — Etude de cheval.

296 — Etude anglaise « La Ferme ».

297 — Joueur de violoncelle.

298 — La Pénélope.

299 — Caricature de Little Tich.

300 — Pivoines et Lilas, par Stetten.

301 — Sous la pluie, par Stetten.

302 — Duel de femme.

303 — Dessus de porte.

304 — Pastel homme, attribué à Lestour.

305 — « Portrait de Jeune Fille » Manière de Prudhon.

306 — Gravure avec couleur fine « Carnaval à Rome. »

307 — Bronze « Camaraderie », par L. de Monard.

308 — Bronze « Prise de Longe », par L. de Monard.

309 — La Continence de Scipion.

310 — La Tente de Darius, 120 × 95.

311 — Fleurs et Fruits, de Couderc.

312 — Vente de charité. aquarelle, signé Cairez.

313 — Gravure anglaise en couleur « Lost Office ».

314 — Fruits et Fleurs, signé Boulanger.

315 — Panneau, Pâturage, rue du Jura, 38 × 20.

316 — « Nature morte » école belge, signé : G. Leraux.

317 — Paysage attribué à Vernet.

318 — Deux terres cuites « Sous l'œil de Pallas », « Cas de divorce ».

319 — Gravure ancienne « Le Bal de mai en 1763 ».

320 — Panneau Saint-Pierre 36 × 26.

321 — Panneau de fleurs ancien, époque Louis XIV, 48 × 48.

322 — Christ, avec cadre ancien, doré, Louis XIV.

323 — Miniature, Duc de Morny, signé Lise.

324 — Miniature « La Femme au Singe ».

325 — Médaillon « Portrait d'officier ».

326 — Deux gravures anciennes.

327 — Buste bronze sur socle « Princesse de Lamballe », signé P. Bauer.

328 — Deux chandeliers bronze Louis XIV.

329 — Deux appliques bronze doré Louis XV.

330 — Deux appliques bronze doré Louis XV.

331 — Applique bronze doré à électricité.

332 — Petit bronze ancien Louis XIV
« Une Renommée ».

333 — Garniture de foyer en bronze Renaissance, Decauville.

334 — Garniture de foyer bronze doré quatre pièces.

335 — Deux lampes bronze copie du musée de Florence.

336 — Garniture de foyer en fer forgé.

337 — Pendule empire bronze doré « Enterje, déesse de la musique »

338 — Pendule marquetterie ancienne Ecaille et cuivre sur socle.

339 — Garniture de Toilette écaille et et argent, avec écrin, six pièces.

340 — Glace, Cadre émaux de Venise.

341 — Plat plaqué argent Louis XVI.

342 — Huilier plaqué argent ancien.

343 — Un grand encrier cuivre poli avec armoirie.

344 — 4 Flacons et un Verre cristal ancien.

345 — Petit Coffret ancien avec Jetons

346 — Un Cordon de Sonnette Empire, bronze doré.

347 — Garniture de Faïence ancienne, 3 pièces.

348 — Petit Lit Directoire.

349 — Jeu d'Échecs, marquetterie ancienne Louis XIV.

350 — Chiffonnier ancien, marquetterie bois de rose et violette.

351 — Coffre à Linge, ancien bois d'amaranthe et tapisserie.

352 — Belle petite Armoire à Glace pour enfants.

353 — Console ancienne dorée Louis XIV, dessus marbre.

354 — Deux petites Chaises de Salon Louis XVI.

355 — Un petit Rouet ancien.

356 — Tapis de Table vert en drap brodé.

357 — Belle garniture de lit en satin style Renaissance, quatre pièces.

358 — Bidet laqué blanc, faïence ancienne.

359 — Beau Col, point à l'aiguille.

360 — Col de Venise, vrai Venise.

361 — Portrait de femme Louis XV, 80 × 65.

362 — Franck le Vieux « La Source Miraculeuse », 105 × 73.

363 — Portrait d'homme, école anglaise 77 × 61.

364 — Étude de jeune fille, École anglaise 38 × 28.

365 — Portrait d'homme, d'après Rembrandt.

366 — Ameublement de Salon, style Louis XV, bois doré, recouvert en tapisserie d'Aubusson, fond en soie rose, composé d'un canapé et quatre fauteuils.

367 — Trois Panneaux en tapisserie d'Aubusson, à dessin de sujet, d'après Boucher.

368 — Deux Landiers en cuivre style Renaissance.

369 — Grande Carpette en moquette.

370 — Statuette marbre « Marguerite ».

371 — Statuette marbre « Paysanne ».

372 — Deux colonnes spirales, marbre vert.

373 — Armoire en pitchpin, portes pleines.

374 — Toilette dessus marbre blanc.

375 — Commode Louis XVI, marqueterie et bronze.

376 — Commode Louis XV, marquetterie.

377 — Deux appliques bronze Louis XVI.

378 — Marine de Stevens.

379 — Miniature Louis XVI.

380 — Médaille bronze.

381 — Meuble de Salon Louis XIV, bois noyer et canné.

382 — Bon Piano de Brie-Jieux en palissandre.

383 — Jolie Table de Salon Louis XVI. en bois noir.

384 — Chevaux de Marly.

385 — Tableau « Bord de l'eau » de Delpy.

386 — Peinture à l'huile « Bouquet de Lilas », signé Paul Adam.

387 — Broderie faite en Indo-Chine.

388 — Divan étoffe égyptienne.

389 — Baignoire.

390 — Coffre à Musique, tambours, timbres et castagnettes, douze airs.

391 — Joli Milieu de Salon Louis XV.

392 — Récamier.

393 — Grande Table noyer, six allonges.

394 — Lustre cristal taillé, 24 bougies, 18 lumières électriques.

395 — Buste femme terre cuite.

396 — Buste femme terre cuite.

397 — Pendule Louis-Philippe.

398 — Deux chaudières Louis-Philippe.

399 — Ameublement de salon.

400 — Bergère.

401 — Tableau « Trotteurs », par Hugues.

402 — Tableau « Trotteurs », par Hugues.

403 — Tableau « Trotteurs », par Durher.

404 — **Aquarelle** De Condamy « Attelage
à quatre ».

405 — Sujet équestre bronze.

NOTA. — *Un catalogue supplémentaire comprendra
une superbe tapisserie de Bruxelles et quelques ta-
bleaux de maîtres.*

Imp. Guyot, 28, Boulevard Bineau, Levallois.

www.ingramcontent.com/pod-product-compliance
Lightning Source LLC
LaVergne TN
LVHW020850200726
843508LV00003B/1130